ESTE LADO PARA BAIXO

Leila Guenther

Conheça melhor
a Biblioteca Madrinha Lua.

editorapeiropolis.com.br/madrinha-lua

ESTE LADO PARA BAIXO

Leila Guenther

EDITORA
Peirópolis

São Paulo, 2025

Copyright © 2025 Leila Guenther

EDITORA **Renata Farhat Borges**
COORDENADORA DA COLEÇÃO **Ana Elisa Ribeiro**
PROJETO GRÁFICO E DIAGRAMAÇÃO **Gabriela Araujo F. Oliveira**
REVISÃO **Mineo Takatama**

Dados internacionais de Catalogação na Publicação (CIP) de acordo com ISBD

G927e   Guenther, Leila

      Este lado para baixo / Leila Guenther. – São Paulo: Peirópolis, 2025.
      80 p., 12 x 19 cm. – (Biblioteca Madrinha Lua)

      Inclui índice.
      ISBN 978-65-5931-415-7

      1. Literatura brasileira. 2. Poesia. I. Título.

2024-500   CDD 869.1
                                                    CDU 821.134.3(81)-1

Bibliotecário Responsável: Vagner Rodolfo da Silva – CRB-8/9410

Índice para catálogo sistemático:
1. Literatura brasileira: Poesia 869.1
2. Literatura brasileira: Poesia 821.134.3(81)-1

Editado conforme o Acordo Ortográfico da Língua Portuguesa de 1990.   1ª edição, 2025

Editora Peirópolis Ltda.
Rua Girassol, 310f – Vila Madalena
05433-000 – São Paulo – SP
tel.: (11) 3816-0699
vendas@editorapeiropolis.com.br
www.editorapeiropolis.com.br

▼▼▼▼ *Para Marcelo Donoso, que não desistiu,
e para Senhorita Shoyu, que me adotou.*

> I'm back at my cliff, still throwing things off
> I listen to the sounds they make on their way down
> I follow with my eyes 'til they crash
> I imagine what my body would sound
> like slamming against those rocks[1]

Hyperballad
Björk

---

[1] De volta ao meu penhasco, ainda arremessando coisas
Ouço o barulho que elas fazem ao cair
Acompanho com o olhar até se espatifarem
Imagino o som que meu corpo faria
Batendo contra aquelas rochas.

PREFÁCIO
Atenção: este livro contém ideias que podem ser absorvidas

Adriane Garcia

Em 1516, o escritor inglês Thomas More cunhou a palavra "utopia" para dar nome ao que considerava uma sociedade perfeita. Derivada de duas palavras gregas – *"u"* e *"tópos"*, equivalentes a "não" e "lugar" –, utopia seria o não lugar, o lugar que não existe, uma fantasia de paraíso. Devido ao sucesso do romance de mesmo nome, a palavra se espalhou e passou a significar aquilo que não existe e que é sonhado como um local ou uma situação perfeita. Bem mais tarde, em 1933, outro escritor inglês, James Hilton, criou sua própria utopia, no romance *Horizonte perdido*. Ali, o lugar imaginado, Shangri-La, ficava entre as montanhas do Himalaia, no Tibete, e era uma sociedade marcada pela harmonia e pela felicidade. Ainda que se possam encontrar, em ambas as obras, razões para não achar Utopia ou Shangri-La algo tão bom assim, a verdade é que esses dois lugares tornaram-se parte do imaginário de uma espécie de paraíso.

Há algo no ser humano que sempre tende ao desejo de paraíso. Talvez uma força antagônica derivada do fato de fazermos da Terra um inferno para nossa espécie e para as demais. No Ocidente, a mitologia bíblica do Livro do Gênesis nos leva a outro paraíso, o Éden, mas esse dura pouco. Povoado por apenas um casal e um Pai Todo-Poderoso que testa os filhos, logo o paraíso perde sua pequena população. Tendo desobedecido ao mandatário, os consortes são expulsos. Dali em diante, é lutar pelo pão de cada dia com o suor do rosto e sofrer as dores de parto. Um paraíso impossível. Nesse sentido, a Utopia de More e a Shangri-La de Hilton são mais ambiciosas que o Éden, pois anseiam a harmonia com muitos mais habitantes.

Fazer com que qualquer morada humana seja um paraíso requer muita imaginação e um desejo sincero de habitá-lo. Nas sociedades em que se sonha a perfeição, ou mesmo onde se queira aplicá-la, esbarra-se em outra questão crucial da condição humana: a liberdade. Os experimentos humanos de uma possível sociedade perfeita acabam requerendo uma forte autoridade, que muitas vezes desemboca no autoritarismo. É difícil conseguir um padrão de comportamento entre seres tão complexos, tão desejantes, tão diferentes entre si. Geralmente, recorre-se à força para aplacar todas as diferenças, sumi-las, transformar o indivíduo em "massa", para que todos passem a agir como um, obedecendo cegamente às ordens explícitas e implícitas de um líder, mas isso, convenhamos, não é uma utopia, é uma realidade.

Leila Guenther escreve este livro que você tem em mãos em um momento específico: o governo da extrema direita no Brasil e a pandemia do coronavírus. Nesse contexto, uma utopia se faz distante, pois a sociedade perfeita de governos extremos não é perfeita a olhos críticos e não pode oferecer harmonia, tampouco felicidade ou liberdade. Tudo se transforma em opressão e os valores são invertidos, tornando-se uma distopia. O eu poético que fala nos versos deste livro frequenta um lugar perigoso, com gente perigosa; por isso, uma das leituras que podemos fazer é a de que este livro se chama *Este lado para baixo*, porque é preciso instruir, é preciso manusear com cuidado, o conteúdo é inflamável e está sob pressão. As metáforas dizem tanto do poder das palavras, de seu conteúdo incendiário, quanto da própria situação que elas relatam. *Este lado para baixo* faz virar ao contrário, como um mundo de cabeça para baixo.

Nas próximas páginas, a poeta escancara a fragilidade do objeto livro em analogia com a fragilidade humana, social, política. Mas não nos enganemos: há risco de explosão. Ela faz questionamentos filosóficos: "Se no princípio era o verbo / e o verbo era deus / por que tanta coisa ruim foi inventada?". Há uma reflexão sobre a importância de dar nomes e de não termos sequer palavras para denominar situações extremas. É interessante que a função da palavra não está, neste livro, apenas como metalinguagem, mas como crise do sentido, que foi alertada – cá estamos nós com mais um escritor inglês – por George Orwell, em 1949, no livro *1984*. Orwell escreve sobre uma sociedade que possui uma "novilíngua", lá onde ações de ódio são postas em prática pelo Ministério do Amor, as mentiras ou *fakenews* são criadas pelo Ministério da Verdade, a censura, aplicada pela Polícia do Pensamento. Leila Guenther nos fala de uma sociedade brasileira que já não se entende mais, pois as mesmas palavras podem ganhar definições contrárias. O Ministério da Mulher, por exemplo, pode estar a serviço dos homens; o Ministério da Saúde, boicotando a compra de vacinas; o Ministério da Educação, retirando os recursos das universidades.

A falência atual da linguagem e seu uso, sempre político, levam-nos aos anos de falência da linguagem nos períodos próximos da Primeira Guerra Mundial (1914-1919), ao surgimento do Surrealismo e do Dadaísmo como expressões artísticas daquilo que já não se podia expressar como antes. Logo após a Segunda Guerra Mundial (1939-1945) e seu grande horror, nasce outra expressão artística que trata da falência da linguagem, o teatro do absurdo. Não por acaso, Leila Guenther intitula um dos poemas deste livro de "Poema dadaísta tupiniquim tirado de umas manchetes de jornal", em que, em um trabalho de colagem, revela até que ponto se pode normalizar o absurdo. A pandemia do coronavírus agrava o olhar, a guerra é também biológica. O planeta tem armas para se defender de seus inimigos.

Não só os seres humanos estão em risco. No poema "Quintalzinho surrealista", a poeta mostra a violência, o descaso que atingem os animais não humanos e os crimes que envolvem os rompimentos das barragens no Brasil, matando rios, fauna, flora e deixando comunidades na miséria, sofrendo a perda de seus entes queridos. É o dinheiro, o capital promovendo a morte em nome da cobiça. O tema do tratamento às outras espécies é recorrente. Na utopia da poeta não cabe o especismo, devemos respeitar tudo o que vive. Em "Science poetry", Leila Guenther joga luz sobre o horror da carnificina que praticamos contra os animais não humanos e nos coloca em situação inversa: seres de outros planetas nos colonizariam e fariam conosco o mesmo que fazemos com os ruminantes em nossos criadouros e matadouros sem qualquer compaixão. Em "Phoneutria nigriventer", a aranha-armadeira merece a vida como qualquer outro ser: "Jamais perdoarei os caçadores de tocaia / Porque uma aranha não mata ninguém por vaidade"; nem por crueldade, como é relatado em "31 de março": a cachorrinha assassinada por alguém que coloca vidro moído na comida de animais. Leila Guenther associa o fascismo ao modo como tratamos a nossa e as outras espécies. Toda a seção intitulada "Manuseie com cuidado" relata o horror que nos paralisa, o horror político que tomou conta do país e que não foi percebido: "mas estávamos preocupados demais / com a invasão das aranhas-armadeiras". Contra esse horror, o eu poético propõe a memória, o registro, a palavra sem deturpação, para nunca esquecer, para jamais acontecer de novo. Dar nome ao que é.

Na segunda parte, "Perigo: inflamável", a atenção se desloca para mulheres, relacionamentos afetivos, violência doméstica, exploração do trabalho feminino, desigualdade de gênero. Há ainda uma homenagem à antropóloga Valentina Doniez, uma mulher que dedicou a vida à classe trabalhadora e que morreu aos 38 anos. Leila Guenther fala da mulher como uma força que o patriarcado quer submeter a todo o custo, a ponto de muitas pedirem desculpas pelos erros de seu parceiro, como se pedissem desculpas por existirem. Contrariando a cultura que não aceita o envelhecimento da mulher – como se somente em fase reprodutiva ela valesse socialmente –, a poeta nos entrega estes versos: "Amo as vozes das mulheres / que envelhecem / mais graves / mais lentas / mais duras". Em contraponto com o poema "Combate mortal", as mulheres amadurecem e os homens, não.

Na última seção do livro, "Conteúdo sob pressão", aparece o cotidiano da repetição infindável e enfadonha, mas que pode ser despertado com o encanto que um animal nos causa, tornando-nos melhores, ensinando-nos a ser. No espaço da subjetividade

– ou seja, no espaço fora da massa –, o eu poético lembra-se de suas raízes, da ancestralidade oriental, do berço chinês, da proteção da Grande Muralha da China. Porém, não há mais proteção; por isso a insônia, o manter-se alerta, já que o mundo dá medo e exige prontidão para agir.

A pessoa não dorme, a não ser dopada das drogas psiquiátricas, da medicalização da vida. Só assim é possível não pensar nos caminhos suicidas que a humanidade tem escolhido para si, na extinção das espécies. Dormir para desaparecer, como uma forma de descansar do mundo, ainda que sob pressão. Dormir como uma forma de se retirar, de nada produzir, exceto o sonho.

No sonho, uma mulher caminha por um país budista chamado Butão, no sul da Ásia, no extremo leste do Himalaia – será vizinho de Shangri-La? Ela localiza a sua Utopia e pede asilo político ao rei, ali onde a caça e a pesca são proibidas, onde todos têm o que comer, beber, vestir e um trabalho que faz sentido para a comunidade. A noite é longa, pois ela passeia por lindas paisagens, visita todas as casas e entende por que aquele reino é o lugar mais feliz do mundo. O sonho prossegue e ela está nas alturas: no mosteiro de Taktsang. Tudo indica que ela vai voar. Então, ela acorda e volta para sua Ítaca, seu lugar de partida, seu lugar violento que afunda, mas que é também a sua casa e o seu lugar de saudade.

▼▼▼▼ *Adriane Garcia é poeta.*

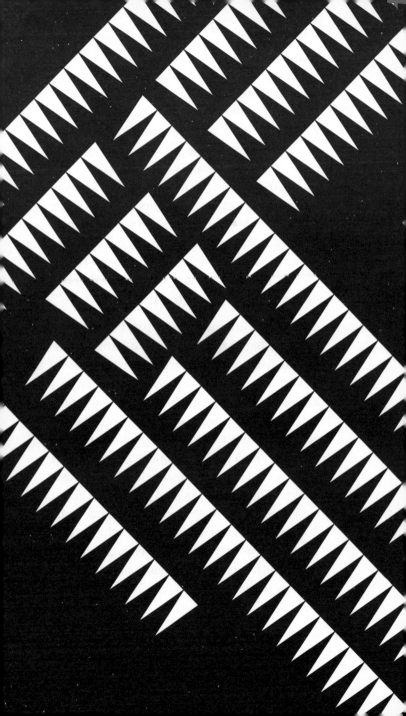

MANUSEIE COM CUIDADO

CARTA ABERTA AO REI DO BUTÃO

Peço asilo em seu país
Porque o meu desapareceu
Dizem que se descolou
Do resto da América
E começou a afundar
Em breve nos afogaremos todos
Embora sempre há quem ache
Que ele não

Ofereço o que sei e o que posso aprender
Posso trabalhar em benefício
Das crianças mais remotas
Como todos daí fazem
Em vez do tal serviço militar

Posso tirar leite de iaque
E viver de chá de manteiga
Mas se Padmasambhava[2] me orientar
Também posso tirar leite de pedra

Espero que me conceda
Como faz a todos os seus cidadãos
Um tear e um pedaço de terra
Para que eu me fie em algo
E não me afogue nunca mais

No seu serviço de saúde
Universal e gratuito
Tenho fé que consertem minha cabeça
Onde mora a pior de todas as enchentes

E não me importo
Que a caça e a pesca sejam proibidas
Porque eu mesma já não tenho vontade
De comer seres que são
Mais inteligentes do que eu

Aí tem tudo, é outra civilização
Tem monges bonitos pra gente meditar
E um monte de livros
Para traduzir de seus Platões

Peço asilo ao rei do Butão

Um rei que, na Constituição,
Estabelece ser deposto
Se não for bom para seu povo
Não é melhor que um presidente
Que não quer sair do trono?

Mas o que eu gostaria mesmo
Era de subir na parte mais alta
Do mosteiro de Taktsang,
Encarapitado no extremo de uma rocha
Desde que o Desperto acordou
Lá terei certeza de não me afogar
E de que enfim empreenderei meu voo
Com a bênção de todas as dakinis[3]
Que caminham sobre o ar

---

2 Místico considerado fundador do budismo tibetano. A ele eram atribuídas qualidades mágicas, como estar em vários lugares ao mesmo tempo.

3 Deidades femininas do budismo tibetano, cujo nome significa "aquelas que atravessam o céu" ou "as que se movimentam no espaço" *(Wikipédia)*. Estão ligadas à transformação.

EVA VIU O IVO

Se no princípio era o verbo
e o verbo era deus
por que tanta coisa ruim foi inventada?
Quem deu nome a deus
essa palavra pequenina
que nem abarca mais nossa tormenta?

Está lá no livro
que o nome da coisa
vem antes da coisa
"Faça-se a água"
"Faça-se a espádua"
"Faça-se a espada"
"Faça-se a anágua"

Assim elas nasceram

Folha
Fome
Maçã
Serpente
Arca

Mas se é assim
aqui no jardim
a língua de adão falhou:
ainda não inventaram nome
para o que vimos

QUINTALZINHO SURREALISTA

Neste lado da lama
o verde da grama resiste
No seu fundo pastam peixes
e se enroscam os rabos dos cavalos-marinhos
O verde é uma gama em cujos tons
se afundam as lesmas
e em cujo raso trota uma anta solitária
bebendo Fanta

(Brumadinho, 2019)

SCIENCE POETRY

Sei que chegarão em breve
De Vênus, Marte ou ainda mais longe
De milhões de anos-luz de distância
De direção desconhecida
De uma fenda diminuta
Aberta na matéria escura
Cansados não da viagem
Mas de nos buscar

Eles serão muitos
Mas menos do que nós
E virão com fome
Em naves da cor do céu
Naus discretas e elegantes
Escondidas nas nuvens
Que atracam em qualquer lugar

Eles são tão leves que flutuam

Não serão mais inteligentes que nós
Terão apenas outras habilidades
Tais como os morcegos possuem
Um sistema de radar
Que nunca compreendemos

Há tantos animais na Terra
Mas eles nos escolheram
Através de seus precisos instrumentos de leitura
Que nossos telescópios sonharam ser
Capazes de avaliar até o tipo de eletricidade
Que perpassa os neurônios humanos
E anima as sinapses

Eles poderão ler nossos cérebros

Porque somos perfeitos
Tão perfeitos que deixamos
Prontas para recebê-los
Inclusive as largas extensões de pasto
E as estruturas das fazendas

Também estamos famintos
E como moeda de troca
Eles nos alimentarão

Enquanto isso
Nesta falha do tempo e do espaço
Com brilho e medo nas pupilas
Esperaremos que nos convertam
Em seus ruminantes
Que nos criem e se alimentem de nós
E nossos filhos –
Bebês gorduchos de carne tenra
Dispostos apertadamente imóveis
Nos antigos alojamentos das vitelas
Que um dia devoramos sem pudor

NA CIDADE de pedra
escavam o solo com as mãos
até as unhas caírem

                                          (Petrópolis, 2022)

POEMA DADAÍSTA TUPINIQUIM TIRADO DE UMAS MANCHETES DE JORNAL

Pegue uma tesoura.
Tristan Tzara

VOLTA DO BRASIL AO MAPA DA FOME É RETROCESSO INÉDITO NO MUNDO, DIZ ECONOMISTA

DESMATAMENTO NA AMAZÔNIA CHEGA A 10.781 KM² NOS ÚLTIMOS 12 MESES, O MAIOR EM 15 ANOS

BRASIL TEM 1 ESTUPRO A CADA 10 MINUTOS E 1 FEMINICÍDIO A CADA 7 HORAS

CORONAVÍRUS: BRASIL CHEGA A 699.263 MORTES

TRÊS ANOS APÓS TRAGÉDIA, ADOECIMENTO MENTAL PREOCUPA BRUMADINHO (MG)

CPI DA COVID: RELATÓRIO FINAL CHEGA AO TRIBUNAL INTERNACIONAL DE HAIA

UM NEGRO É MORTO PELA POLÍCIA A CADA QUATRO HORAS, APONTA LEVANTAMENTO

LIBERAÇÃO RECORDE REACENDE DEBATE SOBRE USO DE AGROTÓXICOS NO BRASIL

COM 152 MORTOS, PETRÓPOLIS TEM MAIOR TRAGÉDIA DE SUA HISTÓRIA

CINEMATECA ENTREGA CHAVES E SE UNE AO MUSEU NACIONAL EM NOVO GOLPE CONTRA CULTURA

PESQUISADORA IDENTIFICA 530
CÉLULAS NEONAZISTAS NO BRASIL

ALÉM DA DISCRIMINAÇÃO E VIOLÊNCIA, POPULAÇÃO TRANS SOBREVIVE AOS TRANSTORNOS PSICOLÓGICOS

NÚMERO DE RESGATADOS DO
TRABALHO ESCRAVO RURAL
É O MAIOR DESDE 2013

```
BRASIL É CITADO NA ONU POR RISCO
DE GENOCÍDIO DE INDÍGENAS
```

UMA EM CADA 5 CRIANÇAS BRASILEIRAS SOBREVIVE SOB A MARCA DA FOME, DA VIOLÊNCIA E DO TRABALHO INFANTIL

PHONEUTRIA NIGRIVENTER

A aranha-armadeira que entrou aqui
foi afugentada para o mato
pela maciez das cerdas da vassoura
Respeito-a como a todos os bichos
que avisam o bote

É preciso ler o que escreve a natureza
antes de morrer por defendê-la

Não soubemos decifrar o horror
porque ele nos paralisou
com sua boca torpe e sua língua torta
Devíamos ter tomado
com pontualidade kantiana
o remédio que nos foi receitado
cinco dias da semana
de doze em doze horas
mas estávamos preocupados demais
com a invasão das aranhas-armadeiras
para perceber o movimento das entranhas

Minha pele é tão macia
que nem se vê o podre que há por dentro
Vamos morrer de vermes
Tenho saudade das saúvas e de outros males
e não estou preparada para contar os corpos
ou para não enterrar os mortos
que virão

Jamais perdoarei os caçadores de tocaia
Porque uma aranha não mata ninguém por
[vaidade

MEMENTO & MEMORANDO

A Carlos Augusto Lima

Não esquecer jamais os nomes e os números
Desta vez eles estão tão unidos
Que mudarão a história das línguas
E da matemática

Pôr no papel a memória que se dissipa
Como o ar que não chega aos pulmões

Reaprender a contar algarismos
Como Sherazade aprendeu a contar estórias
Noite após noite
Colhendo o sopro que a faria falar
1001 vezes
Ou quantas fossem necessárias

Transformar a estória em história
Quando nos mandaram calar

Tudo o que foi roubado, destruído ou olvidado
Reconstruiremos com palavras

(Esse tijolo frágil
Mas indigesto)

▼▼▼▼▼▼▼

NESTE PAÍS não se morre de fome

Não se morre de tiro

Não se morre de frio

Na terra da negação

A gente morre mesmo é de não

PERIGO: INFLAMÁVEL

TRANSAÇÃO

Nunca mais usarei uma xícara sua
Nem emprestarei um pedaço de sua fita-crepe
Ou dessas que usamos para manter as coisas
                        [juntas à força
Nunca mais jogarei fora a sacola descartável de
                        [seu restaurante favorito
Beberei vinho nos copos resistentes a arremesso
                        [que eu mesma trouxe
E guardarei os restos da comida que fiz nos potes
                        [de plástico japonês
                        [maleável que comprei
                        [porque os da China racham
                        [com as lágrimas
Nunca mais plugarei meu celular no seu aparelho
                        [de som
Nem tomarei seu leite direto da garrafa

Mas também nunca mais carregue seu revólver
Se não for usá-lo

PRECOCE

À memória de Valentina Doniez

Morrem logo os que vivem mais
Porque se esvaem rápido
Para evitar a inundação

Em tudo o que fazem
Desviam um trecho de si
Que é impossível rastrear depois

Perdem os anéis e os dedos
Que em seguida são enxertados
Em quem não tem nem um nem outro

Emprestam-se mesmo
Quando não devolvidos
E então também somem
Alguns livros de seus corpos

E vivem. Vivem muito no pouco do Tempo
E morrem de excesso de vida

A pele se despregou quando os leões a devoravam
E ela lhes retribuiu uma risada com o que restou
[de seus lábios

Uma garota de balaclava balança uma bandeira
No meio da praça de um país imaginário
Onde os mais novos estão dando à luz outro
[mundo

Todos eles escutam seu chamado

Hoje retiramos sua foto de nossas vistas
E me recuso a imaginar
A forma que você tomou
Embora nenhum de nós esqueça
Ou esquecerá
A inteireza de seu rosto
Trancado no porta-retratos

Sei que encontrarei fragmentos dele
Espalhados, compondo outros rostos
De outros jovens
Que também não puderam sustentar
O peso da primavera

ALIANÇA

Não gostava de seu cheiro
Não gostava de seu choro
Não gostava de seu riso
Não gostava de seu humor

Não gostava de sua pele
Não gostava de seu gosto
Não gostava de seu cabelo
Não gostava de sua cor

Não gostava quando falava
Não gostava quando estava calada
Não gostava quando estava em casa
Não gostava quando não estava

Não gostava quando dormia
Não gostava quando tinha insônia
Não gostava quando escutava
Não gostava quando não ouvia

Não gostava quando tinha medo
Não gostava quando tinha opinião
Não gostava de seus amigos
Não gostava de sua solidão

Não gostava que ficasse doente
Não gostava que ficasse triste
Não gostava que ficasse alegre
Não gostava que existisse

Mas ela pedia desculpas

> *rose is a rose is a rose is a rose*
> Gertrude Stein

um genocídio é um genocídio é um genocídio
como uma rosa é o que é

mesmo que a gente mude os nomes
de tempo e de lugar

as coisas continuarão sendo o que são

um estupro é um estupro é um estupro
mesmo que os homens – todos – digam que não

COMBATE MORTAL

Revejo um filme de guerra,
que me lembra *O senhor das
moscas,* que me lembra concurso
de cuspe, que me lembra
queda de braço, que
me lembra videogame:

os meninos nunca passam do Nível 1.

▼▼▼▼▼▼▼

AMO as vozes das mulheres
que envelhecem
mais graves
mais lentas
mais duras

Talvez nos escutassem
se já nascêssemos
com a voz do fim

QUATRO HORAS

O tempo de um trabalho meio período
Metade do que se diz necessário dormir
Uma viagem de carro de São Paulo ao Rio
Uma viagem de avião de São Paulo a Santiago
A duração de uma cirurgia de intestino
Um dia de vestibular de uma universidade pública

O tempo de um espancamento
O tempo que leva para alguém fazer algo a respeito

ASSIM SE DESCONSTRÓI

Primeiro apagamos as mensagens brutas que
[trocamos no tal aplicativo
Depois as fotos em que estivemos juntos e felizes
[em viagens
Depois o próprio álbum de viagens porque os
[cenários ainda nos
[lembram dos que
[queremos ausentes
Depois apagamos também as mensagens que
[dizem mais do que dizem

("Guardei um pedaço de bolo")

Depois bloqueamos a pessoa no tal aplicativo
E desfazemos amizade com ela em outro
Nos afastamos com educação dos amigos e da
[família
Excluímos seu contato na agenda do telefone
Esvaziamos as lixeiras reais e virtuais para onde
[foram nossos restos comuns

Até um dia nos assustarmos – levemente – quando
[ao acaso são mencionados
[seus nomes

Como nos cartazes de pessoas desaparecidas

VOCÊ NÃO VIU NADA

"Eu vi tudo em Hiroshima", disse Marguerite
Tu viste
Ele viu
Nós vimos
Mas não aprendemos

31 DE MARÇO

À memória de Sol

Hoje fazia sol
e eu me sentia viva
apesar da data
que nos trouxe até aqui
Tinha uma música na cabeça
um ritmo no corpo
e jurei que cantaria
inclusive sob tortura

Hoje fazia sol
e eu me sentia viva
até saber que uma cachorra
engoliu comida com vidro
dada pelo mesmo tipo de gente
que numa data como esta
nos trouxe até aqui

CONTEÚDO SOB PRESSÃO

A CULPA é dos pratos
que me destruíram

Mesmo quando poucos
são mais do que eu

Mesmo quando me lembro
do monge vietnamita
que morreu lutando pelo amor
e que dizia
"Enquanto estivermos lavando os pratos
deveríamos apenas lavar os pratos"

Não posso mais vencer os pratos
que me ultrapassam e me reduzem a cacos
mesmo quando dormem pacíficos
no armário de madeira

Para que tanto prato, meu Deus,
pergunta meu coração
Porém meus olhos
vocês já sabem

Então vem alguém
que lava os pratos quando eles me atacam
e me lembra que perto
bem perto
há quem não tenha pratos para lavar
nem o que pôr dentro deles

E aí me envergonho
de querer arremessá-los pela janela
contra a parede
ou contra os homens
com toda a força
que não tive para lavá-los

CATEQUESE

Quando eu o ensinava a latir
Você me ensinava a ser gente

Hoje diz o Papa
Que os cachorros podem ir para o céu
Então poderíamos nos ver de novo algum dia

(Se você me ensinasse também a entrar lá)

▼▼▼▼▼▼▼▼

PRIMEIRA lembrança:
a Muralha da China
era o cercado do berço

CHOMSKY DE NINAR

ainda preciso que me cantem uma melodia
                    [quando há tempestade
ou que me leiam uma história à noite quando faz
                              [escuro

(ainda preciso desesperada e urgentemente que me
                          [deem a mão no
                    [pesadelo quando passo
                [pelo corredor polonês de
                    [homens com fome)

uma canção que se possa assobiar dentro da
                    [cabeça durante o fim do
                                [amor
uma oração que se possa guardar como um
                    [amuleto durante o fim do
                              [mundo

que me lembre quantos somos sobre a terra
e que seremos um debaixo dela

depois de mais de 500 anos
ainda preciso de sua voz antiga e grave
do pai que não tivemos:
abrigo de palavras contra o medo
cantiga a embalar os sonhos
(se eu dormisse)

ODE OU ELEGIA

A todos os que me fizeram chegar aqui –

alprazolam
amitriptilina
bupropiona
buspirona
carbamazepina
citalopram
clomipramina
clonazepam
desvenlafaxina
diazepam
duloxetina
escitalopram
fluoxetina
fluvoxamina
imipramina
lamotrigina
nortriptilina
paroxetina
quetiapina

sertralina
venlafaxina

– até agora.

MEUS OITENTA ANOS

ah que saudades que eu tenho
dos bichos de pelúcia
que os anos não trazem mais
o urso a baleia o tigre
a abelha a menina o alcatraz

hoje estão todos extintos
junto com os matagais

DE REPENTE

Chego de supetão

nesta pele

neste corpo

nesta época

Aterrissei de repente

porque me arremessaram do espaço

depois do sequestro

Me jogaram fora

como quem se depara

com um produto defeituoso

comprado pela internet

que não é possível trocar

De repente

tomo um corpo que não é meu

mas que é meu

e uma cabeça que

graças aos céus

não reconheço mais

Não sei onde estive

nessas últimas décadas

Não entendi nada porque estava

ocupada demais
dormindo o sono dos justos
e dos injustos
Volto agora
para aprender sozinha
o que nunca nos ensinaram:

ninguém sabe ao certo como morrer

À CHINESA

Não plantei árvores
Não escrevi livros
Não tive filhos:

Estou de saída

FORMAS DE DIZER ADEUS

Mudar de nome
Deixar de responder às perguntas
Nunca mais olhar o telefone e o que há dentro dele
Faltar ao encontro marcado há cinco anos
Pedir demissão dos que nos demitiram
Não pensar no que se planta
nem no que se colhe
Afundar em uma rede que balançamos
com a ponta dos pés quebrados
Sair de casa e não voltar
Não sair de casa
Não sair de casa nunca mais
Enterrar no quintal um cão que nos enterra
Deixar de dar água às plantas
onde vivem os que não abandonamos
Esquecer que um dia houve música
E emudecer, sem aprender a linguagem dos sinais
Queimar os livros porque navios não há
Descer do veículo fora da parada
Sem falar o necessário ao motorista
Parar de tomar remédios receitados

E tomar outros, sem receita
Habitar Atlântida
Falar a Deus
Desligar os aparelhos – todos –
Subir no ponto mais alto de nós mesmos
e saltar

POSFÁCIO
Dizer adeus e chegar

Ana Elisa Ribeiro

O décimo segundo título da Biblioteca Madrinha Lua é da poeta Leila Guenther, que trabalhou nos poemas deste livro até o último minuto possível, indo e vindo, na perseguição do apuro e de um dizer tão preciso quanto o verso pode suportar. É uma poeta que escreve a quente, dentro do momento, revisando não apenas o texto, mas o que vê, o que percebe, o que sente, e realinhando as estrofes aos dias, às semanas.

Desde a escrita deste conjunto de poemas, tanto o mundo quanto o Brasil já mudaram muito; provavelmente para pior. E se a poesia de Leila se inspira na vida, nas condições da vida, ela nunca estará satisfeita com o que, afinal, narra ou expõe. O planeta entrou em guerra várias vezes (e não saiu mais), o clima tornou-se imprevisível (mais do que já era), os ciclos de tudo se confundiram, governos se radicalizaram, jamais na direção do humano, espécies foram extintas, bebês nasceram para serem homens e mulheres que só interagem por meio de telas. Não há empatia possível sem a experiência dos olhares, do eriçar da pele, do toque das mãos frias e trêmulas. As imagens da tevê passam despercebidas como quaisquer outras. A próxima, sempre. E rápido.

A Biblioteca Madrinha Lua completa uma dúzia de títulos (e suas poetas) com um livro grave, questionador, e de versos simples e diretos. O título é ótimo: *Este lado para baixo*, e, por sinal, convida à descida ou dá instrução sobre o cerrar, o emborcar, quem sabe o esconder a própria capa, se preferirmos viver sem lentes que nos ajudem a enxergar melhor. A poesia de Leila Guenther é essa lente de ver nítido, de fazer ressoar. As três partes em que estão divididos os poemas são intituladas "Manuseie com cuidado", "Perigo: inflamável" e "Conteúdo sob pressão". Avisos? Alertas? Exigem precaução?

Pessoas, animais, lugares, vivos e mortos são objeto e personagem destes poemas, que dão passeios pela Terra e pelos nossos corações demasiadamente desumanos. A poeta poderia recomendar que lado virar para baixo ou quando parar para pensar. Em "Precoce", ela diz: "Morrem logo os que vivem mais", dando a dimensão do que acontece aos que se envolvem, se engajam e talvez não devessem. Será? Em "Você não viu nada", temos algo completamente transponível para outras crises, como a da Covid-19 ou as guerras atuais e suas destruições cada vez mais sofisticadas:

> "Eu vi tudo em Hiroshima", disse Marguerite
> Tu viste
> Ele viu
> Nós vimos
> Mas não aprendemos

É duro admitir, mas não aprendemos. E a poesia talvez seja uma nova chance de parar, observar, rever e repensar; talvez, deixar de fazer o mal de novo. "Formas de dizer adeus" ou formas de rebobinar a fita.

Que nos deleitemos com *Este lado para baixo*, de Leila Guenther, na Biblioteca Madrinha Lua. A coleção reúne algumas das poetas mais relevantes da literatura brasileira contemporânea e é parte do nosso desejo de responder à poeta mineira Henriqueta Lisboa, que se questionou, anos atrás: "Terá valido a pena a persistência?". Certamente já a convencemos de que sim.

ÍNDICE DE POEMAS

Carta aberta ao rei do Butão **18**

Eva viu o Ivo **21**

Quintalzinho surrealista **23**

Science poetry **24**

Na cidade de pedra **27**

Poema dadaísta tupiniquim tirado de umas manchetes de jornal **28**

Phoneutria nigriventer **30**

Memento & memorando **32**

Neste país não se morre de fome **34**

Transação **38**

Precoce **39**

Aliança **42**

Um genocídio é um genocídio é um genocídio **44**

Combate mortal **45**

Amo as vozes das mulheres **46**

Quatro horas **47**

Assim se desconstrói **48**

Você não viu nada **50**

31 de março **51**

A culpa é dos pratos **54**

Catequese **56**

Primeira lembrança **57**

Chomsky de ninar **58**

Ode ou elegia **60**

Meus oitenta anos **62**

De repente **63**

À chinesa **65**

Formas de dizer adeus **66**

AGRADECIMENTOS

À Ana Elisa Ribeiro, pela confiança.
À Editora Peirópolis, pelo acolhimento.
À Adriane Garcia, pelas palavras.

A Ahmed Zoghbi, Celso de Alencar, Franklin Mello
e Valdir Rocha, pelo apoio constante.

A Cristiane Borba Alvares, Elaine Cunha,
Graziela Schneider, Mary Castilho, Paula Teruko
e Tieko Irii, por fazerem parte de minha vida.

Ao Coletivo Escritoras Asiáticas & Brasileiras,
onde finalmente me encontrei.

FONTES Eskorte e Ronnia
PAPEL   Pólen Bold 70 g/m²
TIRAGEM 1000